A #1

G	S	Z	T	V	A	N	G	E	G	E	K	D	I	R	R	O	I	K	F
X	L	K	L	M	N	Q	K	S	A	N	B	L	K	B	X	B	K	J	H
L	U	Z	V	F	F	X	N	M	M	K	S	G	T	G	N	Y	Z	Z	T
S	T	T	C	Q	I	J	E	G	X	Z	T	I	P	Y	F	O	V	M	P
L	U	P	I	K	J	N	A	T	Q	R	Q	L	X	S	C	P	O	B	Q
Z	W	K	Q	U	Z	W	T	R	P	V	E	M	P	S	Y	S	C	F	I
S	W	I	I	Z	H	D	X	I	X	W	N	Y	S	E	K	P	W	Y	P
B	H	M	Y	K	V	G	Y	I	H	R	D	Y	K	L	B	E	X	B	V
V	B	O	I	O	K	P	W	E	L	O	O	P	Z	L	H	M	K	P	R
F	U	P	H	V	V	M	V	N	J	J	Z	E	H	D	B	L	Q	A	T
K	P	Y	P	K	X	B	F	O	N	K	A	A	N	T	E	R	I	V	O
W	U	J	J	L	M	Q	Y	X	I	P	M	L	L	C	V	Q	I	E	Z
D	V	A	T	D	P	J	T	U	P	B	I	A	T	D	C	V	I	L	Y
E	N	N	S	D	I	X	Z	I	L	Y	N	Q	N	A	I	Z	H	E	B
E	W	L	B	G	X	S	A	A	R	D	H	F	Q	D	V	N	F	N	R
D	F	Q	V	Z	H	N	R	L	A	R	C	O	K	O	R	A	O	G	F
D	U	Y	A	E	O	S	Y	L	D	V	U	C	V	A	D	I	L	O	B
I	B	Q	E	Q	D	N	O	P	K	E	I	F	A	Y	X	I	A	L	G
D	O	C	M	O	F	I	T	A	D	A	N	O	I	L	G	F	V	N	E
J	Z	W	N	H	E	G	C	J	Q	P	A	O	N	Y	R	M	X	N	O

ALA
ALTAVALLE
ANDRIANO
ARCO

ALDENO
AMBLAR-DON
ANTERIVO
AVELENGO

ALDINO
ANDALO
APPIANO
AVIO

A #2

R	Z	O	D	N	P	H	W	N	S	V	S	K	H	D	V	M	F	A	C
K	A	O	E	G	A	C	D	H	H	H	C	W	K	W	Z	Z	Y	N	D
L	I	H	T	H	L	A	G	W	F	Z	U	O	L	W	C	A	U	H	H
Y	Y	D	E	L	I	U	J	O	Q	R	F	T	O	O	G	P	K	G	J
U	A	J	P	B	S	J	N	I	K	I	Q	E	T	G	A	V	M	P	W
W	C	I	X	D	L	R	O	I	Q	P	Y	T	J	O	F	E	Y	W	Y
E	D	B	J	C	H	Y	Z	T	Q	F	N	V	E	H	M	T	Z	P	Y
R	N	Z	J	H	Y	A	R	R	Q	F	H	K	X	X	G	C	O	V	Q
F	C	P	P	O	B	C	U	R	W	T	Y	U	Z	N	H	H	F	R	R
K	F	Y	N	S	E	N	L	D	L	I	J	M	N	N	P	B	X	G	B
H	O	H	Y	P	E	V	C	C	N	R	W	A	Y	Y	D	W	O	M	G
Z	U	J	Q	Y	B	V	F	N	D	J	D	O	I	T	J	C	T	B	C
H	R	Q	E	G	Z	H	F	A	Z	K	P	I	I	M	A	K	O	I	M
T	W	S	K	K	P	I	R	Z	S	E	B	N	H	D	E	H	J	G	F
V	M	K	L	J	Q	Y	L	X	B	I	Z	S	G	M	N	X	Z	B	K
T	K	C	B	A	L	B	I	A	N	O	L	N	G	D	P	T	C	G	M
D	O	Z	U	O	Y	M	N	D	O	G	H	U	M	F	Z	I	Q	F	D
A	N	U	Q	Y	L	V	Z	V	G	B	O	B	L	K	N	G	E	J	W
I	K	U	T	U	T	Y	R	Q	S	F	H	J	F	J	V	I	B	F	C
Q	A	B	B	L	O	T	Z	G	B	D	U	B	S	Q	X	V	S	T	J

ALBIANO

B #1

R	A	S	C	Y	Q	Z	W	O	U	Y	C	H	A	C	U	N	D	I	H
Q	M	K	B	I	E	N	O	O	L	M	X	C	V	W	Q	Q	N	G	N
V	F	B	R	O	O	X	H	X	A	T	V	T	H	W	L	Y	E	V	X
A	C	H	M	R	R	L	H	K	U	R	A	J	E	X	G	Y	C	S	P
T	E	D	T	I	C	G	X	W	R	O	K	F	N	U	X	T	H	V	M
G	B	R	E	S	I	M	O	P	Q	M	A	Z	M	N	T	X	N	G	W
B	S	A	Y	A	Y	H	I	Y	P	B	L	B	I	O	H	O	Q	P	B
G	R	J	S	B	C	Q	Y	H	D	H	O	N	C	N	I	N	H	Z	Y
B	B	E	S	E	N	E	L	L	O	Y	G	V	I	P	M	L	Z	J	U
R	R	O	S	L	L	V	V	G	G	P	A	M	F	F	G	Q	O	T	E
E	O	E	R	S	T	G	V	O	L	N	G	N	U	T	B	Q	A	F	X
N	N	I	N	G	A	B	A	M	R	Y	H	W	A	S	O	Z	E	V	Z
N	Z	T	W	T	O	N	R	C	C	H	D	J	E	U	M	L	D	Z	G
E	O	O	V	L	O	H	O	U	D	D	F	M	J	I	N	P	K	E	Q
R	L	U	Z	Y	Z	N	C	N	N	I	H	N	G	N	T	I	R	U	W
O	O	A	Y	F	Z	M	I	H	E	I	X	Z	U	T	T	C	A	A	R
K	N	J	T	T	B	X	A	C	I	C	C	P	U	G	M	Z	I	L	M
O	M	X	R	T	B	V	F	B	O	E	E	O	I	I	P	O	V	W	H
D	N	T	H	Q	A	X	G	U	S	H	S	P	A	N	D	R	R	R	A
W	L	G	W	X	U	L	W	L	D	V	M	E	U	F	E	P	S	F	X

BASELGA DI PINE
BESENELLO
BIENO
BOLZANO
BORGO CHIESE
BORGO D ANAUNIA
BRENNERO
BRENTONICO
BRESIMO
BRESSANONE
BRONZOLO
BRUNICO

P	J	N	V	Q	Q	C	T	N	A	N	A	V	J	B	Q	R	F	W	Z
J	Q	B	N	A	N	Y	Z	V	Y	F	K	Q	N	I	P	H	B	E	J
H	I	T	U	X	X	G	Z	L	V	J	X	S	L	O	I	D	K	K	A
N	R	R	Z	K	A	U	H	R	F	B	Y	V	I	G	K	S	O	Q	Y
K	B	J	B	W	X	C	S	Y	V	A	A	S	C	M	C	L	H	H	G
H	J	L	V	S	D	G	L	T	N	G	Q	X	M	Q	X	L	L	E	N
X	L	J	N	G	D	C	H	X	D	K	I	N	F	X	G	Z	T	E	Z
M	K	O	I	T	H	D	Y	G	Y	B	E	D	O	L	L	O	E	Q	R
H	R	Z	R	H	Z	F	I	X	O	R	A	E	R	O	A	C	B	G	X
Y	H	V	W	G	U	W	P	R	M	A	B	R	B	Y	R	K	N	Z	V
F	W	P	R	N	Z	J	G	A	S	I	C	E	B	O	N	D	O	N	E
W	K	Q	I	Q	Q	O	L	E	Z	E	S	O	A	I	V	R	P	L	I
M	J	Q	Q	U	F	Z	G	X	K	S	C	A	D	S	A	L	Q	M	W
E	E	B	W	L	C	Q	M	P	G	E	I	A	I	D	J	N	G	L	Y
O	M	Y	A	Y	K	C	D	A	N	M	H	R	A	W	K	U	O	R	D
D	R	R	C	R	I	A	R	A	H	N	T	L	D	S	A	I	M	F	G
T	E	Z	B	L	E	G	G	I	O	X	S	U	P	E	R	I	O	R	E
S	L	B	H	F	B	O	R	G	O	B	V	A	L	S	U	G	A	N	A
J	K	Q	W	Z	V	B	H	J	J	H	M	T	Q	T	U	M	N	L	Q
X	S	L	Q	G	A	A	X	O	F	T	A	H	V	A	O	J	E	R	M

BADIA
BLEGGIO SUPERIORE
BORGO LARES
BARBIANO
BOCENAGO
BORGO VALSUGANA
BEDOLLO
BONDONE
BRAIES

C #1

A M D L G W L N O N G I T G L A N U A D
B V L Z R U D I E X P X C O R T I N A W
L Q T K M R C T E G K O E U K C D G W F
D L U G Z B I B M F M U M Z T O U S L Q
G S I Q W X O R L M M Z B I C R F C J C
Q A Q C H C B S E J C F R C O N T A R Y
O C P S X J G Z R Y Q F A A R E C M E S
L A A K B A Z D H J L S D S V D B P X Z
M M K L A A V P U K T U L T A O J O T G
O S D O D A T P R E G C I E R C P G F S
I B Y U M O O P L N A X S L A A K D I V
B A R F P G N A N D E N I L E L E I X F
L A L K U Z C A G O X T G O I L D Z S D
I C G C R O A A Z Q A E N Z N R R T I F
Q R M S N H V X N Z U W A T E I C R R C
W J F D L A E M P A O B G E B S D E U E
Q P I M O Q D H V U Z N O S A A D N J Y
R N L Z K N I W C M M E K I D R J S V G
O E F L T Z N V J S N O I N I C L X D S
J X V O X D E B V A R T O O A O A R G A

CALDONAZZO
CAMPO DI TRENS
CANAZEI
CASTELLO TESINO
CASTEL CONDINO
CAVEDINE
CEMBRA LISIGNAGO
COMMEZZADURA
CONTA
CORNEDO ALL ISARCO
CORTINA
CORVARA IN BADIA

C #2

K	C	D	A	L	B	M	F	G	T	K	I	D	G	E	B	E	P	I	M
V	Z	Y	B	M	O	C	Z	G	C	F	F	J	F	X	H	Y	T	I	O
I	U	T	A	V	C	M	Q	U	X	Y	O	E	V	G	F	S	F	B	K
B	H	Q	Q	D	T	E	H	M	Y	N	R	H	R	L	K	V	G	N	F
W	Y	D	V	Z	C	P	Y	R	M	A	W	V	T	A	T	E	O	Y	P
G	W	G	E	K	W	H	I	X	N	I	M	T	P	N	H	H	A	O	U
F	F	P	U	E	H	C	I	M	O	N	E	U	W	T	Y	Y	N	M	M
N	M	K	C	G	E	A	A	U	Z	Y	N	L	I	P	D	D	F	O	C
Q	P	Q	O	R	C	V	P	S	S	I	P	Y	R	M	Z	C	E	C	G
J	S	P	M	E	Y	A	A	C	T	A	K	E	U	R	Z	C	C	E	S
Y	D	E	A	E	D	L	W	A	D	E	H	E	U	W	O	A	A	K	Q
M	S	S	N	S	U	E	J	D	X	S	L	Q	Q	R	M	L	M	W	T
E	I	P	O	G	Y	S	B	Z	I	O	P	R	T	P	V	D	P	M	H
Z	J	C	L	U	L	E	G	J	H	C	W	A	O	D	B	A	O	X	K
Z	W	W	T	V	M	J	S	L	T	N	C	Z	X	T	A	R	D	U	M
O	X	I	E	A	I	O	H	F	V	C	T	K	E	F	T	O	E	X	C
I	D	V	R	A	E	E	G	N	I	U	G	J	B	B	C	O	N	A	T
L	W	O	M	N	D	D	C	A	R	G	C	J	V	L	U	F	N	H	Z
J	Q	T	E	F	C	H	I	E	N	E	S	W	L	Q	Y	L	O	G	P
H	G	X	D	M	C	A	S	T	E	L	F	I	V	A	N	O	K	Q	Q

CALDARO
CASTELROTTO
CERMES
CIMONE

CAMPODENNO
CASTEL IVANO
CHIENES
COMANO TERME

CAMPO TURES
CAVALESE
CHIUSA
CORTACCIA

C #3

F	X	C	P	X	L	R	G	V	P	Z	W	I	U	E	F	U	F	V	S
I	K	R	L	C	A	V	I	Z	Z	A	N	A	U	A	L	G	C	Q	P
X	U	B	D	A	Z	O	R	T	D	Z	Q	P	T	P	A	F	A	G	C
L	N	C	K	L	L	C	C	U	R	O	N	O	V	E	N	O	S	T	A
R	W	L	G	C	J	A	I	I	N	H	Y	V	K	Z	C	E	T	L	S
Y	M	X	Q	E	P	R	N	V	S	P	P	L	I	O	V	A	E	M	T
S	I	P	W	R	V	W	T	V	E	D	Q	W	M	O	H	F	L	B	E
U	H	J	I	A	C	L	E	S	B	Z	U	C	A	F	E	G	B	Z	L
S	Q	A	D	N	A	U	I	G	H	G	Z	J	D	I	X	P	E	V	N
Z	N	V	Y	I	L	B	T	B	E	K	P	A	S	H	H	O	L	Z	U
A	H	R	M	C	D	L	E	B	Y	R	A	J	N	T	U	X	L	Z	O
T	T	W	E	A	E	K	S	S	G	X	O	H	E	O	W	U	O	D	V
P	C	J	M	N	S	I	I	E	G	X	F	N	B	N	F	E	K	M	O
S	S	H	H	A	D	M	N	T	N	K	P	W	O	D	T	E	C	Q	A
L	O	P	Q	L	H	K	O	T	W	J	I	M	K	H	S	A	I	N	M
L	M	H	K	Z	S	C	H	R	C	T	M	L	I	H	R	A	A	G	P
Q	Z	U	F	L	K	Q	Q	R	V	C	C	X	D	Z	E	Q	R	A	S
U	L	O	I	A	C	E	Z	U	H	Y	G	I	A	J	I	O	D	H	F
Q	I	J	R	G	T	B	D	I	R	U	Z	N	U	G	D	V	E	Z	C
E	I	P	C	O	D	L	Z	W	K	W	O	Y	G	I	X	P	S	W	D

CALCERANICA AL LAGO	CALDES	CAPRIANA
CARZANO	CASTELBELLO-CIARDES	CASTELNUOVO
CAVIZZANA	CINTE TESINO	CIS
CIVEZZANO	CLES	CURON VENOSTA

C #4

Q	A	I	Y	V	X	E	O	J	V	X	C	R	S	G	D	A	C	C	I
F	C	K	Z	B	D	C	D	P	A	F	A	V	A	Z	D	W	W	C	U
C	V	C	Q	K	F	Q	Q	V	G	F	B	E	O	U	A	S	P	R	Q
T	W	Y	C	H	G	C	V	I	J	Q	I	E	N	V	E	S	M	L	E
H	D	S	E	X	Z	U	Y	Y	O	V	S	H	U	K	X	P	K	J	Q
O	T	O	C	W	C	H	T	A	N	Y	L	E	A	B	S	B	W	S	T
Q	S	Z	W	V	Q	F	C	A	Q	E	Q	Q	G	C	E	C	Z	P	E
B	P	H	B	Y	F	Z	O	A	N	X	P	H	P	X	A	A	L	A	E
O	U	X	I	D	I	C	E	P	K	F	J	P	A	I	Z	N	B	Z	M
L	E	T	R	U	S	B	T	E	K	A	D	N	N	A	R	A	R	V	R
S	U	M	O	A	B	B	V	J	R	Z	F	E	R	V	J	L	H	R	N
H	B	A	V	G	D	Y	O	D	L	V	S	P	P	N	C	C	G	C	R
C	A	M	P	I	T	E	L	L	O	X	D	I	D	F	A	S	S	A	K
R	A	D	Q	S	O	O	L	T	Y	R	Q	T	G	J	V	A	R	V	S
O	S	L	X	A	I	I	P	Z	S	V	U	V	G	J	E	N	J	A	Y
V	T	N	L	N	L	D	C	W	J	S	T	T	O	I	D	W	B	R	Z
I	A	J	R	I	E	R	G	P	Z	C	G	W	W	O	A	B	C	E	U
A	E	R	R	C	A	R	I	S	O	L	O	H	D	W	G	O	Z	N	S
N	X	F	J	M	M	N	E	W	T	K	V	F	B	N	O	V	X	O	V
A	C	A	D	E	R	Z	O	N	E	J	T	E	R	M	E	O	G	U	I

CADERZONE TERME	CAINES	CALLIANO
CAMPITELLO DI FASSA	CANAL SAN BOVO	CARISOLO
CAVARENO	CAVEDAGO	CROVIANA

D #1

D	I	M	A	R	O	S	F	O	L	G	A	R	I	D	A	H	B	C	M
Z	K	W	E	P	Y	R	T	T	X	F	S	G	N	P	N	V	D	Y	M
M	W	R	M	I	J	V	G	S	V	Q	W	O	D	P	R	Z	X	G	S
F	N	M	R	A	X	Q	G	H	S	J	G	D	H	F	V	F	F	H	D
R	G	O	N	Q	E	B	I	Y	C	M	L	Z	V	H	M	W	T	C	J
U	D	B	A	T	W	E	Y	R	Y	D	M	M	S	S	H	Z	O	B	C
B	J	W	P	J	Q	X	T	A	V	Z	J	D	K	B	S	O	Q	T	D
U	W	X	P	Z	U	T	R	Q	Y	O	M	T	P	D	Y	N	Z	G	G
X	I	V	E	F	K	Y	G	Y	E	K	L	X	B	T	B	Z	N	E	D
L	F	K	Q	H	Z	S	G	M	J	A	C	F	B	C	Q	S	G	E	C
X	Y	V	G	M	Z	G	T	P	N	K	F	V	T	W	E	Y	F	B	R
R	W	K	D	E	N	N	O	R	Z	A	S	M	N	W	R	J	G	B	W
H	C	Z	D	R	O	Z	K	R	G	W	P	Q	U	N	D	A	Q	N	R
U	R	C	O	A	E	D	L	W	F	N	G	M	R	G	Y	X	U	F	Z
D	P	V	B	B	M	N	T	S	F	H	L	N	K	E	P	W	S	S	F
C	N	Q	B	Y	N	B	A	Z	T	Z	G	J	W	L	E	Y	R	C	R
G	W	D	I	K	M	O	E	L	N	Y	G	J	E	D	Y	T	Q	A	X
A	C	Y	A	N	G	G	A	L	H	A	L	K	S	G	X	S	Q	D	Q
K	K	Y	C	X	S	Z	T	X	V	Q	G	X	H	I	A	Z	I	K	N
A	B	O	O	A	E	C	X	N	Q	I	Y	Z	Z	G	C	A	D	X	W

DAMBEL
DOBBIACO
DENNO
DRENA
DIMARO FOLGARIDA
DRO

E #1

G	J	M	V	I	V	R	Y	N	Q	V	F	Q	E	Z	W	Q	X	V	G
N	T	B	K	U	X	Y	L	V	N	Z	X	B	K	B	G	J	G	S	X
K	D	Z	S	O	M	P	R	Z	H	P	B	M	U	R	P	U	D	F	Y
D	S	G	E	G	N	A	T	G	D	N	U	A	J	Q	M	T	V	O	O
M	X	M	Z	E	V	Y	E	S	N	K	Z	A	T	I	O	H	Y	T	P
W	P	L	Z	K	W	F	G	E	G	X	K	N	C	E	A	D	H	B	X
B	G	M	E	G	C	A	P	G	I	J	Q	H	T	M	F	F	G	O	Y
V	S	J	Q	M	H	C	I	C	B	Q	P	Z	A	D	Z	X	O	B	H
D	I	N	M	S	A	U	E	I	D	M	I	J	N	W	Z	D	W	P	L
K	Z	L	A	X	B	E	R	R	U	T	I	H	B	R	L	T	V	Q	N
N	U	Q	Q	C	D	B	T	E	C	Q	W	E	P	U	Q	L	M	T	H
Y	Z	O	T	K	Y	W	T	F	L	L	B	L	Z	F	K	V	G	Z	H
G	H	B	L	S	D	F	R	G	H	H	N	E	Q	J	K	R	C	T	B
N	J	W	T	J	D	Z	S	V	K	X	U	P	P	M	F	D	F	T	B
D	M	T	W	Y	B	X	P	F	P	I	O	B	W	Q	J	V	W	D	N
Q	E	H	S	R	U	Y	X	G	R	S	S	O	O	R	D	B	U	Q	Y
N	M	K	D	Q	A	L	I	V	M	D	Q	T	T	Q	T	E	S	X	H
Q	Z	P	M	H	W	I	N	U	L	E	C	L	Z	G	K	U	G	I	E
T	A	H	L	G	N	S	P	Y	C	X	I	N	W	K	X	E	X	W	F
Q	E	V	E	M	O	I	W	K	J	Y	Y	S	I	N	H	H	Z	Z	S

EGNA

F #1

Z	D	P	E	M	B	C	Y	S	Y	O	S	D	Y	K	V	H	V	Y	L
R	C	D	V	X	G	S	W	C	N	Y	Z	O	S	J	C	E	V	Q	V
F	H	A	P	P	R	J	C	I	N	W	A	A	U	W	O	D	F	Q	R
I	N	R	X	R	F	Z	O	K	G	M	C	Q	L	T	P	T	Y	B	A
G	Q	Y	U	P	N	X	E	X	A	Q	Z	L	M	O	D	G	I	J	J
L	V	T	P	B	W	H	C	G	D	Q	J	B	Q	A	Y	N	I	B	V
F	D	K	P	H	Q	I	Y	C	E	W	M	B	E	E	K	X	J	V	V
C	M	R	C	S	T	H	U	O	H	F	B	X	B	Z	G	V	S	B	K
Q	F	N	Q	B	O	T	C	L	S	M	F	P	A	S	R	N	Z	S	O
P	U	N	K	Q	R	B	A	B	A	M	F	F	U	N	E	S	N	H	O
G	J	F	V	P	U	I	O	O	J	H	Q	R	R	I	M	A	B	L	J
G	F	A	I	M	D	E	L	L	A	L	P	A	G	A	N	E	L	L	A
I	O	M	W	F	I	A	V	E	D	F	N	S	T	O	A	T	F	K	U
M	R	J	F	I	E	K	A	L	L	O	U	S	C	I	L	I	A	R	B
S	T	E	O	E	O	M	S	P	B	L	B	I	R	A	F	I	L	M	R
S	E	X	R	R	D	D	S	O	D	G	F	L	O	Y	H	U	Z	J	M
H	Z	Y	N	O	X	E	E	G	R	A	H	O	U	L	D	Q	E	R	K
A	Z	J	A	Z	I	Z	K	E	C	R	Z	N	J	W	S	O	S	J	D
A	A	D	C	Z	D	W	A	A	D	I	L	G	I	X	Q	V	L	R	A
C	T	P	E	O	H	S	N	F	Q	A	Y	O	J	G	N	M	I	L	M

FAI DELLA PAGANELLA
FIEROZZO
FORNACE
FUNES
FALZES
FIE ALLO SCILIAR
FORTEZZA
FIAVE
FOLGARIA
FRASSILONGO

G #1

A E R B M K P R W M R J K G A C T M Q Q
A H O S Q K X V T E P X D M C S R Q N C
O U V V T Z W C T D Y L M L O A I E I Q
C L H P N H N S V J Z N G N A U F E F Q
V D D R G B D S K S R D V I Y J O W O Y
X F Y Y C A O E L L H H X I N A J S V K
Z W Z O B S R K C D Q P M X T W U C C J
K A V L S A H N U S J C Z D W V F X C Q
O M Z A Y I X C I X J N J S K D O G J F
Y G P I X Z P D A G A P K S U J A T E I
N R Y X T U X E B W A Y E S Y R X V G T
F P B J P M X S E D Z U I E G I O V O B
G P M M L Q Z A U C K R T A L S U V N X
U W V M W L M T J V I E Z E O F L E E Q
A L S T P G P X B S Z Z O R R U Y G Y F
D R T Z V E G Q T E O J X Y E M C O Q C
N N Q D Z P M W K N G R I G N O E D S D
T L R A R B V C E A A A C O Z H E E C L
G I S G L C N O I X M W P X A E A A B Q
X O D W G I U S T I N O M O R T W H O J

GAIS
GIOVO
GRIGNO
GARGAZZONE
GIUSTINO
GARNIGA TERME
GLORENZA

I #1

S	R	D	T	X	U	D	V	G	I	N	K	V	T	D	C	M	Y	V	Q
N	G	Y	P	N	U	H	U	M	A	Z	I	Y	A	L	N	R	E	L	A
O	L	P	V	T	G	J	G	X	F	I	V	V	S	D	J	L	X	O	W
R	D	Q	X	O	E	G	X	L	B	Y	Q	O	I	T	U	B	Z	U	C
L	M	J	S	K	N	T	F	P	Z	O	L	K	E	Z	W	M	G	O	J
F	X	J	P	L	O	C	O	T	K	J	T	T	N	F	T	K	D	E	V
A	I	L	Y	U	Z	Y	G	J	G	Z	G	Q	R	B	G	Y	U	I	V
A	S	O	B	D	H	B	S	O	Q	U	U	U	D	A	W	V	X	R	M
K	R	T	Y	V	A	T	L	X	N	O	W	Q	L	R	C	I	Z	T	Z
X	H	U	Z	R	X	K	K	K	C	G	Y	C	V	I	S	I	F	V	F
D	I	O	I	Z	T	V	P	G	L	X	S	Z	M	K	S	E	Y	F	P
Q	S	E	Z	T	V	K	I	J	T	I	V	E	G	J	D	E	I	M	T
U	B	R	D	K	F	P	Q	B	P	W	R	N	F	V	G	Z	R	B	B
C	N	B	N	K	V	C	R	I	O	Y	F	T	G	H	B	X	E	A	L
A	B	H	H	I	C	S	M	N	H	M	U	F	W	L	K	J	K	D	K
I	H	D	V	U	B	N	X	C	I	S	B	D	D	N	M	Q	K	A	N
H	J	N	N	T	I	K	X	I	M	J	W	Q	L	U	H	Q	L	H	Q
Q	R	Z	C	R	H	W	U	N	P	Q	D	N	M	G	W	B	B	T	D
P	H	H	O	T	D	X	L	O	V	I	K	H	H	N	Y	J	I	M	K
L	L	S	W	M	E	U	B	S	X	D	B	C	G	J	J	X	I	U	C

IMER

ISERA

L #1

S	W	G	L	O	P	H	V	G	N	H	L	F	J	R	J	C	J	O	O
C	N	F	D	E	S	D	U	X	N	F	B	O	K	R	D	N	V	S	K
Y	Z	L	L	I	V	O	H	B	H	H	U	W	E	F	J	V	U	Z	K
O	R	O	A	A	G	I	O	D	B	O	U	G	V	L	G	H	Q	R	R
U	I	N	O	I	U	N	C	S	Q	M	D	J	F	E	F	M	Z	C	S
C	X	A	V	K	O	R	N	O	P	K	M	D	P	Y	Q	A	I	M	O
W	M	I	A	R	I	N	E	G	R	X	Z	P	X	N	O	C	N	J	Z
N	B	L	L	A	C	E	S	G	G	T	R	S	G	U	S	V	Y	J	U
A	M	A	L	A	B	L	F	A	N	P	E	H	T	S	L	X	I	H	Z
G	V	S	E	A	I	N	G	S	U	O	Q	R	I	Y	W	E	T	N	M
B	M	E	E	B	V	V	J	L	U	S	O	N	M	B	D	E	T	B	Y
Q	G	S	W	X	E	A	E	D	A	U	G	B	M	E	L	T	B	X	X
Q	Y	K	O	G	D	D	R	S	M	V	Q	E	R	Z	Z	W	E	H	X
Y	W	Y	Y	N	R	S	E	O	D	O	I	W	N	Q	I	V	G	T	V
F	I	C	W	O	W	V	F	D	N	K	P	S	L	L	Y	O	P	R	C
S	M	O	L	E	Y	V	W	Y	D	E	C	N	L	Q	R	I	N	B	V
S	E	L	F	G	D	O	I	M	X	J	D	S	Q	N	F	Y	Z	Q	Y
T	P	X	J	P	T	L	I	T	R	H	B	N	O	M	S	F	S	M	W
Z	S	J	M	R	A	N	K	E	D	U	Z	D	C	K	Q	O	P	S	V
K	V	Y	N	Q	T	O	N	U	F	Q	Y	M	D	I	H	J	M	P	D

LACES
LAUREGNO
LA VALLE
LIVO
LAION
LAVARONE
LEDRO
LONA-LASES
LAIVES
LAVIS
LEVICO TERME
LUSON

L #2

F	H	E	T	S	R	G	V	C	E	P	Q	V	Y	J	P	G	V	K	J
R	Z	V	Y	B	F	O	T	Y	D	J	N	I	N	P	H	J	E	P	N
Q	M	M	D	L	S	S	T	T	I	J	E	U	U	E	R	H	A	F	C
W	Y	N	J	N	C	N	M	J	T	G	L	O	J	N	K	B	J	O	S
L	T	V	J	F	D	Q	I	O	E	D	H	H	S	Z	L	R	F	W	Q
H	A	I	M	Z	J	D	I	N	R	V	P	E	Q	V	M	X	I	V	K
N	T	H	R	M	R	K	M	T	X	S	G	C	V	S	X	K	W	P	L
E	F	R	A	P	G	Z	V	Z	G	B	Z	G	R	Q	V	J	K	B	D
S	P	T	Y	I	T	C	R	D	U	X	C	T	D	X	B	R	I	T	T
N	E	B	Q	Z	D	S	V	P	R	A	K	U	N	D	Z	J	W	F	U
W	M	Z	A	M	B	Z	L	O	H	D	G	B	K	C	C	W	T	L	U
B	O	M	P	C	K	D	V	Z	Y	Z	T	F	V	U	L	W	D	I	H
B	J	C	E	U	I	Y	T	S	S	T	H	I	X	F	A	E	N	G	I
H	G	U	K	L	A	S	A	T	T	P	D	H	V	X	O	T	J	K	L
Q	R	Y	A	A	U	U	J	V	R	N	U	C	E	U	X	I	X	F	O
G	P	N	Q	G	R	S	G	I	L	Y	V	F	J	A	P	N	J	H	V
B	A	S	L	U	D	U	E	D	B	Q	U	X	W	E	W	C	J	R	U
A	A	D	M	N	N	S	N	R	K	A	C	Y	Z	P	T	N	T	M	I
X	L	Y	Z	D	F	L	V	N	N	E	Q	N	L	O	U	I	O	P	N
W	S	R	C	O	D	T	Z	C	F	A	J	O	D	H	D	U	N	N	H

LAGUNDO LANA LASA
LUSERNA

M #1

K	D	H	F	U	T	I	L	E	L	Z	B	S	X	X	B	B	A	L	H
U	C	Z	O	M	Q	E	O	Z	P	X	D	G	S	C	O	P	U	C	F
A	E	V	D	Q	P	U	K	A	V	E	F	R	K	Z	S	O	J	H	S
C	K	A	D	L	N	Y	B	B	R	M	J	V	L	W	E	F	C	B	V
O	O	J	B	V	P	M	A	G	R	E	Q	E	R	R	J	H	H	Q	D
V	H	X	K	Z	J	O	A	X	Z	C	X	M	Q	U	R	B	Z	D	R
H	R	Y	T	G	X	S	S	R	R	T	L	K	N	E	X	B	O	J	J
V	T	V	J	L	I	O	H	R	E	O	M	E	L	T	B	P	G	R	M
K	I	W	I	U	C	Q	C	E	Q	B	P	X	O	J	Q	G	X	H	N
L	A	U	M	Y	K	I	M	B	C	B	B	O	S	B	D	X	Y	I	L
T	A	B	Y	U	A	N	H	U	B	L	U	E	O	I	K	H	X	B	M
M	A	L	L	E	S	D	V	E	N	O	S	T	A	G	Q	M	L	J	C
O	R	O	M	B	H	P	M	E	Z	Z	O	L	O	M	B	A	R	D	O
N	T	F	Z	W	A	A	O	A	Z	N	N	K	A	A	E	C	T	Y	I
T	C	S	D	T	R	S	E	R	L	Q	W	D	X	R	T	R	A	L	Z
A	W	Z	F	T	S	S	N	T	V	E	R	D	P	L	W	H	A	U	Z
G	U	A	E	R	Y	I	A	J	P	U	Z	I	Y	E	H	S	Q	N	L
N	W	L	L	B	G	R	D	Y	Z	X	C	U	J	N	I	M	F	A	O
A	L	A	Y	S	S	I	O	Z	U	E	B	M	L	G	P	I	J	X	R
O	G	B	I	E	P	A	O	M	I	U	B	I	H	O	A	W	N	R	S

MADRUZZO
MAGRE
MALE
MALLES VENOSTA
MAREBBE
MARLENGO
MARTELLO
MERANO
MEZZOLOMBARDO
MOENA
MONTAGNA
MOSO IN PASSIRIA

M #2

F	H	I	D	Y	T	U	X	N	C	G	J	I	F	S	Z	T	O	T	J
Y	L	V	Y	W	S	S	K	D	R	Q	J	U	D	A	E	C	N	T	Z
N	H	E	L	M	E	W	V	R	W	Q	P	D	N	B	A	N	F	B	G
J	C	H	M	W	U	Y	Q	T	D	H	G	M	E	Z	Z	A	N	O	U
X	C	V	S	T	L	H	F	E	N	O	E	O	E	Y	W	N	F	N	C
L	M	A	S	C	V	H	B	J	K	Z	O	N	M	Z	E	K	R	P	W
Y	R	S	H	Y	S	E	D	R	Z	K	S	G	N	R	Z	D	F	A	F
H	D	G	Z	P	C	Y	U	O	E	Y	Q	U	Q	H	M	A	I	E	N
C	D	R	C	C	Y	Y	C	R	L	K	G	E	T	E	S	W	N	O	Q
L	Z	C	W	D	X	O	T	F	S	X	F	L	H	C	B	I	A	A	M
M	A	G	R	P	R	P	U	K	K	R	V	F	S	X	E	C	T	B	B
O	V	T	L	O	C	F	M	W	L	X	N	O	O	R	A	G	Q	G	B
K	S	U	N	J	L	K	W	C	J	C	F	Z	R	Z	N	W	U	W	E
U	M	A	A	H	O	G	V	O	X	R	S	T	M	A	Z	Z	I	N	H
O	P	X	R	C	O	E	Z	U	Q	D	C	E	O	O	X	M	G	O	R
L	J	M	Z	T	I	R	X	D	K	R	L	S	R	V	L	S	Y	M	Z
T	W	F	P	J	G	F	H	V	L	T	P	I	I	N	D	V	Y	X	W
W	F	H	D	K	M	S	B	G	I	I	V	D	F	W	Y	C	E	Q	J
S	H	V	V	S	O	S	V	N	E	Z	O	O	C	P	N	W	E	N	C
K	J	Z	G	O	T	M	A	S	S	I	M	E	N	O	M	S	N	F	O

MASSIMENO	MAZZIN	MELTINA
MEZZANA	MEZZANO	MEZZOCORONA
MOLVENO	MONGUELFO-TESIDO	MORI

N #1

F	Y	E	I	H	B	E	Y	Z	F	N	B	C	P	D	U	Q	N	U	K
C	F	L	O	S	D	A	W	D	W	B	H	B	Q	Z	G	X	M	I	E
M	T	D	R	U	Z	Q	G	X	O	X	Y	Y	K	Y	A	V	P	K	B
X	A	G	N	U	A	J	G	Q	Z	T	K	T	Z	Y	I	P	Q	Q	R
T	H	Q	W	D	I	X	D	T	W	N	N	P	Y	G	W	V	N	N	N
C	V	X	R	U	M	Z	T	C	J	B	U	J	E	K	F	K	O	O	A
I	S	U	V	C	C	X	A	W	U	D	P	C	O	E	O	N	V	V	G
T	F	V	M	M	D	D	O	H	S	T	W	S	Z	I	A	A	A	A	O
Y	P	I	G	B	D	A	A	B	I	L	O	O	M	L	U	Z	L	Q	K
A	M	U	R	R	U	X	A	Z	M	Q	T	O	L	P	L	D	E	L	T
T	B	G	G	P	J	S	I	X	M	P	Z	E	O	R	V	S	D	E	O
S	E	K	J	Z	S	Z	E	P	C	Y	S	N	G	N	I	C	O	V	R
N	R	N	E	H	D	A	I	T	J	Y	E	N	N	O	M	I	A	A	B
S	B	G	U	V	B	F	W	S	V	N	J	A	O	G	M	A	J	N	O
V	Z	W	U	X	W	P	C	G	T	O	T	S	V	A	Z	V	P	T	L
S	F	S	P	L	W	V	I	E	U	U	M	O	E	R	B	E	S	E	E
F	Z	X	T	T	S	T	R	E	R	R	F	L	L	E	Y	S	X	A	L
U	C	L	R	T	S	U	L	N	I	H	U	X	L	D	D	O	V	X	F
D	W	H	Y	F	X	I	O	K	U	J	O	R	A	O	D	T	S	A	L
Z	Q	Q	X	Y	T	Z	M	C	Y	L	S	X	D	O	U	P	U	D	Q

NAGO-TORBOLE
NALLES
NATURNO
NAZ-SCIAVES
NOGAREDO
NOMI
NOVALEDO
NOVA LEVANTE
NOVA PONENTE
NOVELLA

O #1

H	W	Y	O	X	V	Y	S	S	K	U	M	W	U	I	B	Z	A	C	W
B	G	N	L	Y	J	A	E	T	H	C	R	G	B	Y	C	E	L	N	C
P	H	Q	L	G	H	H	G	H	Y	K	H	K	K	F	M	M	F	Y	C
D	B	W	U	M	U	B	P	J	A	U	R	T	E	B	B	O	G	V	T
O	J	H	O	X	X	Y	P	A	G	E	Q	Z	N	L	W	A	G	E	H
W	R	F	D	M	N	N	S	Q	D	A	S	T	B	A	S	Z	D	Q	J
Z	H	P	O	C	B	R	O	X	F	S	U	K	X	M	B	D	R	F	J
R	I	S	W	N	R	L	A	G	Y	M	W	R	Y	N	U	B	X	P	Q
V	G	J	N	P	W	D	T	Q	Z	Z	E	J	W	M	N	N	W	R	I
B	P	Q	H	G	C	J	B	R	A	F	L	V	O	J	D	L	K	H	Y
F	T	N	G	Z	S	K	L	R	Y	Q	C	S	U	Y	O	P	T	P	T
S	X	L	R	P	A	Q	P	K	Q	G	G	Y	E	C	Q	Y	E	S	B
S	D	F	I	J	T	T	N	M	Q	H	T	P	Z	N	T	M	B	U	O
B	Y	L	X	K	R	B	X	F	A	V	R	X	P	D	I	H	Y	I	A
L	X	U	T	B	M	P	J	W	K	H	M	V	E	O	R	A	P	K	A
S	V	I	Q	F	E	Y	A	A	Y	O	R	T	I	S	E	I	O	W	N
F	R	C	F	B	I	R	S	M	F	M	Q	P	M	S	K	A	N	I	N
S	L	E	B	S	Q	Z	Z	J	O	S	P	E	D	A	L	E	T	T	O
K	E	F	M	B	Q	Z	A	U	P	J	I	Y	N	N	K	A	Z	T	J
Y	H	R	R	B	L	A	K	D	C	I	W	M	B	A	I	N	M	X	C

ORA
ORTISEI
OSPEDALETTO
OSSANA

P #1

W	Q	Y	Q	A	J	W	U	R	K	E	V	U	P	A	V	G	F	L	N
N	C	Q	K	Q	G	C	L	V	Z	J	D	L	O	Y	T	P	Y	Q	O
P	O	P	I	N	Z	O	L	O	I	S	W	N	B	X	O	Z	D	B	B
A	S	R	R	N	M	M	M	Q	V	D	Z	C	N	A	C	F	T	O	I
L	Y	A	P	E	L	L	I	Z	Z	A	N	O	T	P	U	R	B	L	F
U	A	T	G	S	D	K	Z	Y	P	P	F	P	R	E	D	A	I	A	Y
I	K	O	E	K	E	A	M	E	D	L	O	A	O	V	E	A	X	W	D
D	J	Y	U	H	M	S	Z	C	S	N	H	N	U	M	Z	Q	X	B	J
E	A	A	U	V	U	G	P	Z	T	W	G	C	S	V	A	Y	M	C	P
L	C	L	W	Z	F	F	K	E	O	R	Y	H	L	S	S	R	B	I	O
V	J	L	C	E	Q	C	T	W	I	R	E	I	Y	E	Y	C	O	N	M
F	V	O	X	J	N	G	A	W	Q	O	C	A	C	T	I	W	N	L	Q
E	H	X	F	X	A	U	O	B	N	B	Z	Z	M	I	R	J	O	T	O
R	J	S	P	R	E	D	O	I	Y	X	W	C	F	B	R	L	M	G	J
S	J	T	D	Z	X	L	O	Z	I	K	G	Q	L	S	F	P	I	V	Q
I	P	E	R	G	I	N	E	E	V	A	L	S	U	G	A	N	A	T	Y
N	N	L	H	Z	E	B	W	B	W	M	H	E	I	A	V	K	X	W	A
A	V	V	V	I	D	U	I	D	O	X	X	O	X	Q	S	V	V	B	I
Z	N	I	Q	M	N	W	B	D	Y	J	M	F	V	A	V	M	F	P	P
G	A	O	M	S	L	U	W	R	O	H	P	I	L	N	F	Z	U	H	Q

PALU DEL FERSINA
PANCHIA
PEIO
PELLIZZANO
PERGINE VALSUGANA
PINZOLO
POMAROLO
PONTE GARDENA
PRATO ALLO STELVIO
PREDAIA
PREDAZZO
PREDOI

P #2

Y	J	T	Y	P	R	O	V	E	S	M	I	P	Q	B	U	T	O	N	E
P	R	I	M	I	E	R	O	A	S	A	N	B	M	A	R	T	I	N	O
A	J	A	Q	E	Y	Q	K	G	G	X	I	W	W	W	B	C	F	S	S
R	P	L	D	V	X	E	R	P	G	U	K	G	H	C	M	O	M	Y	X
C	P	S	Q	E	R	K	I	G	J	J	G	J	Y	S	W	C	A	F	E
I	A	Y	F	R	Q	C	K	G	P	Q	D	K	N	Y	K	D	E	J	G
N	T	K	T	D	K	X	M	L	P	J	N	A	L	X	B	G	J	N	Z
E	B	J	L	I	P	U	W	H	A	C	J	L	Z	A	N	N	V	C	H
S	D	M	E	C	H	M	H	M	L	F	K	N	P	O	S	T	A	L	W
V	V	W	Y	B	X	F	I	D	T	F	O	V	I	H	P	W	D	L	N
Q	F	X	P	O	R	T	E	D	D	I	S	R	E	N	D	E	N	A	X
M	K	M	L	N	T	Z	J	K	X	A	U	U	V	O	C	Y	Z	E	M
Y	S	H	A	O	C	E	F	M	B	A	F	N	E	C	X	B	Q	D	E
M	N	R	U	M	B	N	X	Q	S	F	A	Z	U	Z	H	L	J	A	S
D	H	T	S	P	E	L	U	G	O	B	Y	D	T	A	Y	Z	A	N	N
M	E	A	S	R	E	D	C	F	R	H	J	N	E	F	S	W	O	P	A
P	T	G	N	E	T	R	R	B	X	F	Z	B	S	R	Y	U	G	F	T
Z	B	I	W	Z	H	J	C	D	K	R	P	Y	I	Z	L	I	H	I	Z
G	D	D	K	Z	Y	Q	R	A	N	U	G	X	N	N	Z	M	J	N	X
E	W	M	W	O	L	W	X	O	H	W	T	B	O	Q	K	Q	T	L	Z

PARCINES
PELUGO
PERCA
PIEVE DI BONO-PREZZO
PIEVE TESINO
PLAUS
PORTE DI RENDENA
POSTAL
PRIMIERO SAN MARTINO
PROVES

C I I T J M E W R J R L X Y J S A I Z R
R N W A U L P W A R B J Q X U W U D H O
L R B I P I W I N X X H L C F A L M W N
A R U M O K V G S Z J Y U Q T H L L O C
K I U C J A V D T T K X R T N W Z N E H
I V D F P Y S M Q C F Y Y D Y I L L F I
X A R J F R D X P S H V L C R S D I C P
S V R U Y R I F I A N O P J M I Q P E V
U D A R O V E R E O D E L L A E L U N A
F E N I G Q G U U R O A L T C E G U T L
G L P H R C J U M C Y R V D X I N V J S
P K U V G D O H H E B C B T O W P O S U
Z G E R R N M T C O N O G U T Q V F W G
R A C I N E S R A B L D G H Y N P Z O A
O R O D E N G O M A L R O V E R E T O N
M D A L H N J M L Q I T T L N R Z V R A
E A M B P U C V H K Z Q O J A P C P A S
N S T W B I L B N H G R U R T Y W I T P
O Y P X R I O Y D I F P U S T E R I A G
E F Y S M Z B E R J A T A I S I Q S P A

RABBI
RIO DI PUSTERIA
ROMENO
ROVERE DELLA LUNA
RACINES
RIVA DEL GARDA
RONCHI VALSUGANA
RUFFRE-MENDOLA
RIFIANO
RODENGO
ROVERETO
RUMO

R #2

Q K D Z B G M G W V Y M G D R B X V K J

D G G H G B K L U C F L I M A F A P A S

Q X S H Y B X H N S D A D Q M R R W F W

Y J S M D I L M D N O F Z Y F R N H X Y

F D W H S Z X U N R K R R E N O N W W E

N M L V K Y D N H G G O A D Y N Y L Q G

Y S I L H X A H P U N N S D U C E C N K

W A W W U O T Y B Z F Z U K U E H Q U D

D E C W J Y L B O E Z O N B D G V L A A

C U O M C V R N U B D Y U V W N C J O W

Q I K J L Z E X M P S C A A S O Z C E K

Z N J B P U L A N T N H N I U P L N Y H

D W D E G S N E U Y S I T B P T Z U P H

L Q F H E X D T Z S G E E A O E I C X L

P E W Z Z A V Y T Q R N R R F R I X I O

K N T E L J F T V N Z I S B C M G D E Q

U Y P R G I W Q B M U S E Q E E E E K K

R E B G P O V D D Y C T L T J K C F Q Z

U L A B P L T W L D Z P V K W R G V N V

W V F K X D L B Q Y M C A Y Y D T L B O

RASUN-ANTERSELVA

RENON

RONCEGNO TERME

RONZONE

RONZO-CHIENIS

S #1

G	C	Q	U	H	I	U	H	W	P	S	S	A	R	E	N	T	I	N	O
H	J	S	L	S	C	P	O	J	V	T	A	C	X	A	M	W	Y	Y	B
K	K	P	I	I	D	R	K	Q	R	G	N	G	E	I	D	G	D	A	M
S	S	C	U	R	E	L	L	E	P	B	Z	I	R	N	G	P	G	H	B
H	A	F	N	E	Q	P	M	B	F	G	E	G	X	O	A	P	M	V	U
L	N	N	R	S	R	B	P	B	O	F	N	T	J	N	N	L	K	S	U
L	M	A	T	U	O	H	P	J	Y	N	O	T	Z	C	F	A	O	N	H
F	C	M	B	Q	Z	R	B	X	U	E	P	F	F	N	N	D	M	A	I
K	A	G	Y	E	O	T	A	K	Y	S	K	U	D	H	Y	W	Y	I	J
C	N	P	I	P	R	R	S	G	X	E	Q	R	G	F	U	L	F	P	S
E	D	I	W	H	Q	F	S	X	A	L	V	K	C	Y	K	N	S	P	E
Y	I	H	X	V	I	F	V	O	B	M	R	J	L	D	L	P	I	S	S
X	D	B	T	D	V	U	I	W	L	T	D	H	Y	W	F	A	F	S	T
T	O	Q	O	O	U	U	V	H	H	A	G	I	O	O	Z	R	Y	P	O
V	Q	O	D	O	D	I	E	C	N	B	Y	L	D	Z	Z	Y	B	W	W
K	S	V	E	Q	W	G	Y	H	F	Z	C	T	O	F	Q	F	W	A	F
U	H	T	T	F	W	O	H	V	Y	E	L	M	E	L	A	C	N	P	F
Y	H	K	P	Q	Y	Y	P	Z	W	Y	V	J	U	R	I	S	Q	H	U
P	L	C	R	Z	E	D	K	A	N	N	D	N	D	I	M	R	S	U	O
W	U	I	N	H	F	W	K	T	C	Z	J	A	T	Y	G	E	X	A	A

SAGRON MIS
SANT ORSOLA TERME
SAN CANDIDO
SANZENO
SARENTINO
SCENA
SCURELLE
SESTO
SFRUZ
SORAGA DI FASSA
SPIAZZO
STREMBO

S #2

K	D	H	T	N	C	P	E	W	C	Y	U	X	O	Y	R	P	D	H	F
P	K	A	A	Y	T	E	Z	T	K	B	I	Y	E	V	M	C	J	M	T
W	J	Z	E	J	W	H	I	I	Y	V	J	W	P	U	L	L	E	S	B
W	L	B	M	B	P	D	J	G	D	I	F	D	Z	J	Q	Q	Z	E	W
V	J	G	N	E	D	C	L	O	F	O	D	N	H	K	Z	F	L	N	P
X	J	A	K	J	U	D	S	T	E	L	V	I	O	W	J	R	Z	A	T
C	L	L	W	A	Q	L	I	E	L	U	M	B	C	Y	V	F	F	L	B
L	A	R	N	S	U	S	L	F	G	V	I	H	U	T	E	W	D	E	W
Z	O	S	I	D	T	O	A	P	J	O	M	O	O	B	H	X	G	V	K
A	D	S	E	E	C	V	N	N	X	P	N	J	N	U	Q	M	G	S	E
E	S	R	N	N	N	E	D	G	G	J	S	Z	V	W	R	G	K	A	O
P	N	I	G	Q	A	R	R	H	J	P	V	A	A	K	I	K	P	N	G
O	C	H	R	D	Y	L	O	E	O	B	A	T	R	N	L	G	T	D	Q
O	I	J	G	R	T	P	E	R	X	X	Y	N	S	N	O	T	C	F	P
N	X	Z	G	O	T	R	M	S	O	M	I	E	C	I	O	G	K	E	E
M	I	D	A	A	K	I	T	X	Q	R	A	O	V	R	B	N	Z	L	Q
E	M	V	P	X	N	E	E	X	J	I	P	X	N	T	A	D	I	I	Q
O	X	C	K	O	L	T	H	Z	I	H	F	G	P	O	T	Z	D	C	M
V	U	L	R	G	G	W	S	V	Q	A	Y	A	U	P	Z	X	I	E	O
Z	S	E	L	L	A	G	G	I	U	D	I	C	A	R	I	E	M	O	L

SAN PANCRAZIO
SELLA GIUDICARIE
SILANDRO
SPORMINORE

SARNONICO
SENALES
SLUDERNO
STELVIO

SEGONZANO
SENALE-SAN FELICE
SOVER
STENICO

S #3

K	P	S	M	F	Q	H	J	B	R	S	G	X	Q	O	Q	U	L	B	L
S	E	L	V	A	T	D	I	E	V	A	L	E	G	A	R	D	E	N	A
P	N	F	L	G	X	Q	P	G	D	N	Y	M	B	Y	V	L	B	K	J
O	N	Z	C	R	H	E	P	R	T	C	A	L	O	Y	Y	J	Z	P	R
R	H	A	K	K	X	C	E	D	D	M	B	H	B	F	M	G	L	U	T
M	L	H	H	M	A	Z	X	R	U	A	F	Z	O	S	Z	F	U	C	I
A	F	D	Y	I	J	T	A	O	F	R	B	V	Y	I	M	D	Q	F	D
G	E	S	Q	V	Q	P	H	D	V	T	F	J	H	W	K	K	X	U	G
G	N	H	Q	Y	C	J	T	S	S	I	G	W	M	L	B	U	C	C	Q
I	K	R	B	A	S	X	Y	Z	T	N	N	F	K	O	K	S	W	J	S
O	M	P	Z	Z	K	R	X	C	T	O	F	U	H	N	T	I	T	U	A
R	C	H	X	Y	X	R	P	M	V	K	I	S	M	T	O	S	L	F	L
E	S	A	N	J	G	E	N	E	S	I	O	O	A	T	E	S	I	N	O
G	A	T	U	A	I	A	E	K	T	N	L	A	L	C	U	P	K	P	R
P	M	M	O	T	V	G	V	S	H	I	J	L	G	O	C	O	Y	A	N
S	O	H	G	R	E	Z	Y	H	T	B	H	G	Y	W	J	Y	C	P	O
E	N	E	L	X	O	F	T	S	K	A	B	W	X	X	D	T	Y	Y	J
H	E	U	I	S	E	L	V	A	R	D	E	I	W	M	O	L	I	N	I
Z	V	N	G	P	A	B	M	M	G	I	V	M	B	H	M	M	M	W	I
O	C	X	X	F	H	C	P	Q	A	A	M	K	C	E	Y	L	M	B	K

SALORNO
SAMONE
SAN GENESIO ATESINO
SAN MARTINO IN BADIA
SELVA DEI MOLINI
SELVA DI VAL GARDENA
SPORMAGGIORE
STORO

S #4

I	M	Z	O	X	P	Z	E	M	D	J	N	H	T	M	F	W	K	D	T
C	S	O	J	J	P	H	V	L	R	O	Q	S	N	F	D	Y	I	S	V
M	E	A	C	L	N	U	R	H	X	Z	V	X	G	N	O	U	K	E	O
O	G	Z	N	Z	X	A	J	U	G	C	K	F	B	E	B	G	Q	H	P
L	Z	T	O	S	I	Z	H	M	P	D	Q	Q	N	E	E	W	Q	R	L
V	X	C	A	K	L	W	H	Z	D	K	A	C	X	A	M	A	U	D	Z
L	N	S	W	T	V	O	S	Y	L	V	R	N	W	B	Q	I	G	E	X
S	W	Q	C	W	P	J	R	E	H	S	I	L	K	Y	S	X	M	U	S
S	I	N	B	U	A	D	R	E	I	K	M	V	W	P	N	N	J	O	E
D	P	W	A	H	D	T	F	S	N	C	J	H	T	P	Z	G	X	G	B
D	P	Q	Z	A	X	I	M	D	I	Z	P	E	D	W	Z	I	U	X	A
E	C	E	I	Z	S	L	T	J	M	R	O	O	S	C	C	W	J	O	I
A	I	I	J	M	S	T	I	I	I	K	T	G	X	K	V	X	Z	D	G
E	X	L	T	A	T	U	H	M	R	U	N	S	D	Z	X	A	F	E	U
Y	D	C	L	Q	I	P	M	O	E	F	K	O	Z	O	Q	I	W	C	O
E	X	V	Z	R	K	P	G	B	C	I	I	U	A	L	R	J	H	N	R
K	F	X	X	Q	F	H	H	E	S	U	P	S	U	U	N	S	I	N	E
X	C	F	F	L	X	V	V	Q	O	O	R	S	S	M	Z	Q	I	E	C
R	N	P	N	L	D	O	N	K	W	A	V	P	Q	W	C	L	I	N	Y
R	Y	N	W	T	D	Q	X	S	X	E	C	L	T	S	W	Z	F	Q	O

SAN LORENZO DORSINO

T #1

X	J	W	A	E	U	I	M	M	K	R	R	H	E	T	W	A	W	H	P
L	X	D	Q	Q	O	E	Z	T	M	A	U	O	Y	N	Y	Q	Y	U	P
X	F	M	J	Q	T	W	U	E	J	X	P	I	U	R	L	L	T	D	V
X	Y	H	R	U	E	F	N	R	G	X	U	G	S	D	M	X	E	J	F
F	J	V	A	A	E	H	B	R	T	E	R	R	A	G	N	O	L	O	D
S	Y	T	F	M	V	U	Y	E	I	E	G	H	T	Y	S	G	V	V	G
Z	U	P	W	D	G	H	R	T	O	N	S	C	F	L	F	T	E	H	K
I	E	O	K	Z	Z	M	U	D	N	R	T	E	S	I	M	O	Z	I	K
Z	Y	H	D	P	E	H	P	M	E	V	E	L	R	M	O	M	D	P	J
N	W	C	H	N	C	Y	O	A	S	G	N	X	V	O	J	S	I	H	Y
Q	H	H	O	P	B	K	S	D	D	M	N	I	P	B	M	S	C	U	N
D	M	Z	A	W	U	I	L	I	I	E	A	O	R	Z	Q	B	S	B	R
L	L	H	A	A	Z	Q	O	G	K	S	X	T	U	R	Q	P	O	T	C
T	N	N	E	B	I	H	I	E	T	I	R	O	L	O	I	X	P	Z	G
Z	D	O	M	P	I	P	M	E	R	O	C	H	T	P	S	B	R	S	Y
R	H	S	U	V	Q	B	R	J	E	P	N	T	T	X	D	V	A	S	Y
Z	V	Z	S	V	B	L	Q	X	N	N	P	D	Y	N	K	D	H	A	I
E	W	W	R	M	A	T	U	N	T	E	R	Z	O	L	A	S	N	A	J
X	W	U	O	N	N	P	L	H	O	W	L	C	H	V	H	O	Y	M	X
V	V	F	O	D	J	K	Y	O	P	Z	N	A	L	R	H	W	I	M	T

TELVE DI SOPRA
TENNA
TERLANO
TERMENO
TERRAGNOLO
TERRE D ADIGE
TERZOLAS
TESERO
TESIMO
TIONE DI TRENTO
TIROLO
TON

T #2

H	B	U	F	Y	R	G	L	C	R	K	D	B	D	A	T	E	L	V	E
U	L	S	A	E	F	N	S	P	I	R	R	A	W	R	E	U	W	F	X
U	T	U	D	B	G	A	M	A	I	C	R	O	O	V	R	A	B	B	F
D	S	E	L	X	V	U	T	T	I	W	L	D	W	F	E	O	P	R	Y
I	E	C	M	Y	L	W	O	U	A	Q	E	B	U	N	N	U	Y	A	E
J	E	N	L	N	Z	R	I	Z	W	N	C	H	P	C	T	I	R	E	S
C	O	N	I	O	P	B	W	X	A	W	B	H	B	R	O	E	L	F	Q
G	K	V	T	D	C	H	P	F	F	P	K	Z	E	G	K	G	N	R	M
L	F	H	P	J	X	V	D	M	O	X	J	N	F	R	V	R	J	N	B
Q	Q	M	G	T	B	L	D	A	B	S	T	G	G	Z	L	N	W	U	O
N	K	I	B	B	O	O	F	I	X	O	R	O	T	S	L	Q	X	N	M
F	T	W	B	H	N	U	L	V	H	A	A	M	R	X	S	F	U	E	D
O	C	D	R	V	H	M	M	P	K	G	M	S	E	C	J	B	O	Y	R
F	T	F	G	P	G	H	K	V	F	Y	B	E	T	B	E	E	C	Q	Z
F	X	J	T	R	V	Y	S	U	I	I	I	H	V	U	F	G	W	I	R
Y	F	B	Y	R	B	V	G	N	D	C	L	H	I	L	Q	A	N	R	O
K	U	L	N	S	O	C	B	A	M	L	E	V	L	A	V	Y	H	O	R
E	X	D	C	Q	N	N	P	I	A	G	N	A	L	F	G	L	L	K	I
H	G	E	Q	C	X	O	H	J	U	R	O	R	E	R	K	A	L	M	T
W	V	O	A	F	T	Y	O	F	I	K	N	J	S	P	N	I	L	G	Q

TELVE
TIRES
TRENTO
TUBRE

TENNO
TORCEGNO
TRE VILLE

TERENTO
TRAMBILENO
TRODENA

U #1

S	E	P	Y	L	F	G	S	N	D	J	O	D	A	D	P	Y	R	M	W
X	Y	F	M	V	Q	P	C	W	Q	U	K	Z	V	Z	I	R	N	A	B
X	K	I	M	X	J	D	K	E	F	Z	U	B	J	C	E	Y	O	R	B
U	O	Q	P	G	H	B	M	N	A	T	Q	R	Y	A	N	M	B	K	Z
V	V	V	X	L	S	G	B	J	D	G	G	E	J	J	P	Q	X	X	R
J	C	H	T	I	Y	X	E	H	F	L	I	V	O	A	O	H	A	S	K
U	O	D	C	J	F	A	C	M	E	N	H	Z	K	L	I	B	L	K	J
L	C	C	C	Z	L	G	G	B	I	M	M	H	S	A	Y	I	Z	G	N
X	Y	N	H	B	J	V	S	J	U	Q	Q	M	E	F	M	H	G	G	B
O	C	H	Q	B	Z	C	M	R	H	H	M	M	I	W	D	B	H	C	R
T	G	J	A	W	M	H	B	C	I	H	X	V	H	U	L	T	I	M	O
N	X	Q	J	I	W	J	I	P	Y	G	I	H	R	R	Z	F	J	A	K
T	W	K	R	L	J	A	W	P	J	E	V	L	X	K	Q	G	V	S	D
P	W	N	O	Q	M	F	Z	N	F	J	U	U	L	V	Y	F	W	N	Q
K	I	Z	T	T	R	E	A	N	F	G	V	J	L	D	V	S	S	D	C
P	M	N	C	V	P	O	F	S	G	Y	G	F	T	D	W	P	Q	X	J
P	H	G	X	B	I	Z	F	P	Y	M	H	C	Z	R	W	U	Y	L	Q
R	A	Z	A	X	L	T	M	E	S	F	X	A	B	T	H	V	J	D	V
D	D	H	V	N	L	J	B	T	W	B	U	D	M	V	X	O	R	W	D
Y	P	G	K	B	S	D	F	Y	P	I	Q	G	H	G	Z	K	X	P	E

ULTIMO

V #1

I	X	D	C	N	D	V	G	Q	Q	W	Q	H	N	Y	G	H	R	J	W
X	A	L	C	O	I	C	C	N	T	J	M	H	Z	T	N	M	H	V	J
R	I	R	A	A	Z	C	Y	T	P	M	B	W	O	Z	H	H	G	D	C
A	Q	V	S	P	W	Y	V	X	E	F	Q	C	I	S	D	H	I	F	U
D	Y	S	J	G	W	B	A	Z	R	F	J	B	Q	V	Z	S	X	V	E
R	V	E	L	T	U	R	N	O	G	N	B	D	G	T	S	Y	Y	B	D
S	I	Z	R	S	O	H	D	A	G	S	G	B	H	F	L	H	W	R	M
W	L	E	E	D	C	T	O	K	S	S	B	I	P	C	C	W	C	H	H
V	L	M	H	K	S	C	I	V	J	C	Z	M	O	B	U	M	Y	M	C
A	E	K	T	H	I	C	E	S	G	A	Q	G	T	T	Z	P	U	W	U
L	F	P	T	L	D	B	S	L	X	C	Y	F	R	P	R	A	S	J	M
H	D	W	W	G	N	Y	A	T	V	F	G	H	V	D	H	C	L	Y	L
D	I	X	V	A	L	F	L	O	R	I	A	N	A	P	I	S	X	A	N
I	U	N	V	A	L	L	E	O	D	I	Z	C	A	S	I	E	S	Q	S
B	F	O	V	I	L	L	A	N	L	A	G	A	R	I	N	A	P	V	W
V	I	L	L	E	M	D	O	A	N	A	U	N	I	A	J	E	K	X	E
I	E	V	T	T	S	V	A	L	L	E	L	A	G	H	I	L	C	B	A
Z	M	U	V	A	L	D	A	O	N	E	U	Z	J	K	I	Z	Q	E	M
Z	M	S	U	E	L	S	Z	A	R	C	S	O	V	D	R	K	M	K	V
E	E	I	V	I	T	V	I	L	L	A	N	D	R	O	N	I	Z	J	G

VALDAONE
VALLELAGHI
VANDOIES
VILLA LAGARINA
VALDAORA
VALLE DI CASIES
VELTURNO
VILLE DI FIEMME
VALFLORIANA
VAL DI VIZZE
VILLANDRO
VILLE D ANAUNIA

V #2

H	E	L	J	K	T	G	N	V	P	W	Y	J	X	T	E	T	K	P	Z
I	Y	Y	E	U	D	I	J	W	M	W	J	Y	I	C	V	C	H	W	T
R	N	D	S	D	Q	F	S	C	H	X	C	L	Y	T	K	D	S	I	M
Z	H	L	U	A	O	D	C	V	W	P	U	Y	P	Y	B	N	N	T	V
T	Y	E	M	Q	E	B	C	U	X	F	V	Y	A	H	E	U	E	I	A
V	J	K	X	A	K	U	G	O	J	U	P	R	A	I	D	A	G	Z	L
S	U	V	A	R	I	V	J	C	Z	E	B	U	Q	H	Y	N	G	K	L
U	T	M	Z	V	I	P	I	T	E	N	O	Y	H	O	O	N	A	S	E
A	V	I	L	L	A	B	A	S	S	A	X	K	Y	L	Z	C	U	Y	N
H	A	E	M	F	Q	L	V	R	I	S	X	T	A	E	V	R	Q	J	A
K	R	Q	R	D	I	S	L	I	W	Y	F	Y	X	K	R	B	F	J	U
V	N	Y	W	M	C	W	K	A	H	C	F	V	G	C	F	R	I	D	R
O	A	S	I	O	I	K	V	E	R	A	N	O	V	G	V	V	P	W	I
F	A	P	V	W	S	G	I	A	L	S	N	L	Z	H	G	D	B	G	N
J	U	Q	Z	V	J	P	L	E	D	X	A	A	S	X	M	I	D	D	A
C	N	M	G	M	W	B	S	I	Z	E	Z	N	Z	A	G	D	B	H	M
O	N	X	T	B	J	I	X	V	O	L	N	O	G	X	V	X	B	M	T
U	S	S	C	D	N	V	Y	V	Z	R	V	A	F	P	O	R	S	J	C
W	F	A	W	A	B	U	V	H	K	K	V	J	X	J	Z	S	W	Q	T
C	D	Q	T	U	Y	W	G	A	T	G	U	U	C	U	I	T	G	J	A

VADENA
VARNA
VIGNOLA-FALESINA
VOLANO
VALLARSA
VERANO
VILLABASSA
VALLE AURINA
VERMIGLIO
VIPITENO

Z #1

I	H	Y	M	S	D	Y	E	X	G	F	Q	B	C	Z	S	B	G	I	X
K	U	Z	M	E	U	X	H	K	T	Q	P	Y	P	V	O	R	L	I	Z
R	J	R	K	M	O	Z	K	R	V	Z	X	H	Y	I	D	C	L	B	A
O	S	H	F	H	C	T	Y	A	R	J	H	I	C	P	U	E	F	H	G
T	D	P	M	G	J	Q	Y	A	H	X	P	U	V	T	J	R	T	Z	C
M	Z	F	D	M	M	Z	E	V	H	V	V	J	P	K	C	F	Z	V	F
K	D	I	B	F	H	P	S	Z	F	G	S	W	Q	N	L	M	C	B	M
C	Y	L	A	E	X	X	V	C	J	H	R	X	H	Y	H	M	Q	R	Y
O	Q	T	R	N	U	F	C	W	E	C	I	J	U	F	N	Z	B	Q	S
A	D	D	F	R	O	T	O	S	O	W	Z	S	O	P	U	F	F	S	L
X	U	V	B	L	T	Y	L	R	D	T	A	F	J	W	J	S	R	C	B
H	L	O	L	K	N	T	D	Q	V	T	D	Q	D	D	D	C	V	S	A
F	D	Y	B	M	F	R	L	I	X	Z	D	P	F	Q	E	D	A	M	A
K	D	Y	Q	M	T	G	M	E	L	A	S	E	H	S	O	I	C	V	X
G	T	Z	B	S	R	R	W	F	N	F	G	M	R	I	C	N	A	G	C
T	B	B	F	V	Q	U	N	U	W	E	I	Q	S	M	H	K	M	Q	J
V	R	Q	H	M	H	Y	G	Q	U	D	P	E	H	Z	G	R	Y	Z	Y
E	J	H	D	O	A	Q	V	M	Q	O	U	S	M	E	I	N	C	Y	T
S	C	W	C	L	C	J	U	B	J	Z	L	R	P	M	J	G	E	G	D
J	B	P	D	V	Z	X	L	V	X	T	U	U	N	M	E	Q	Q	K	A

ZIANO DI FIEMME

A #1

																		A	
											A	A	N	T	E	R	I	V	O
										P	M	L	L					E	
									P	B		A	T	D				L	
								I	L		N		N	A	I			E	
							A	A		D				D	V	N		N	
						N	R	L	A	R	C	O			R	A	O	G	
					O	-		L	D	V						I	L	O	
					D		O			E	I						A	L	
				O							N	O						N	E
			N									O							O

A #2

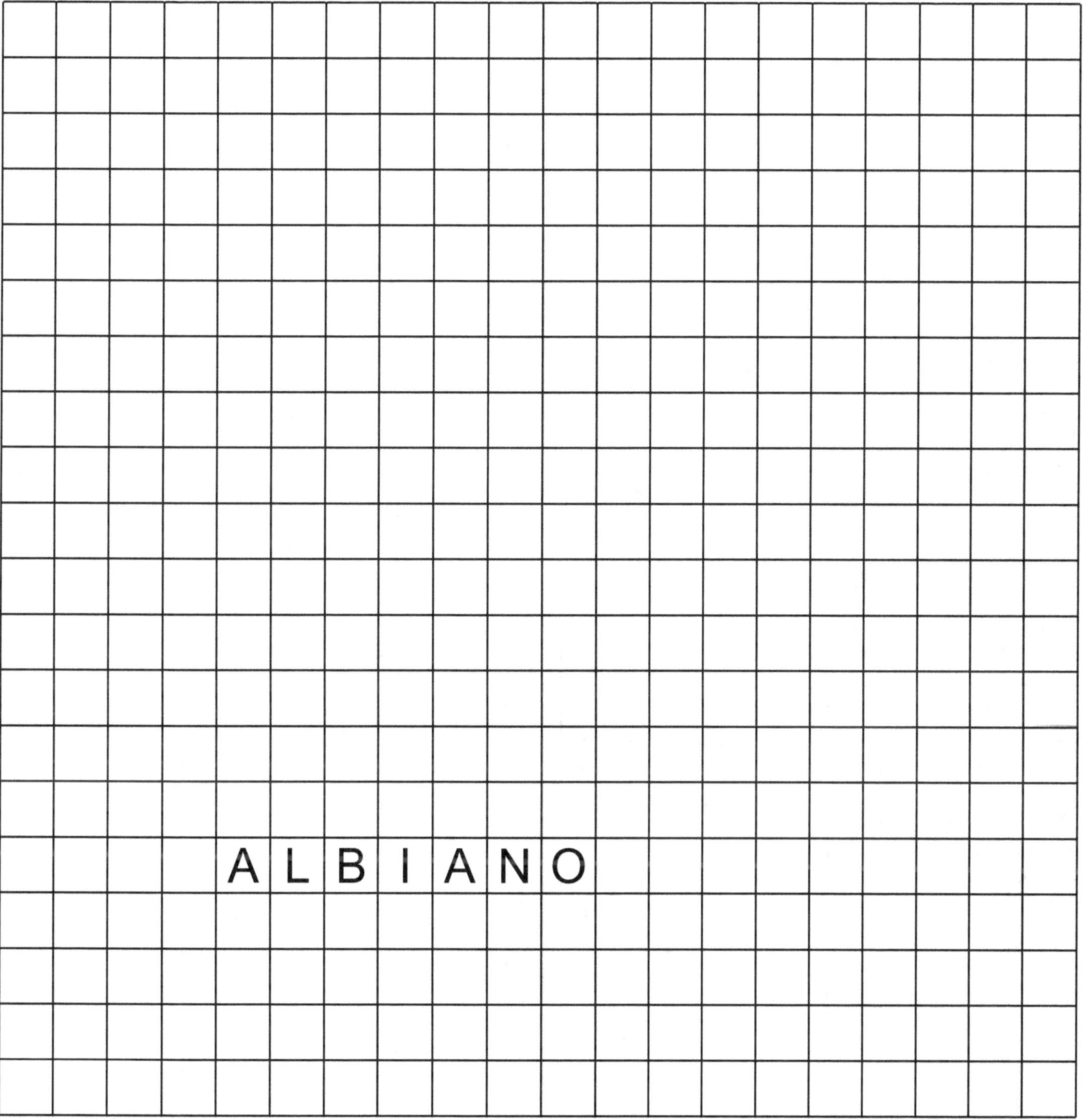

B #1

			B	I	E	N	O												
				O															
					R														
						G													
	B	R	E	S	I	M	O												
B		A																	
	R		S						D										
B	B	E	S	E	N	E	L	L	O										
R	R	O	S		L						A								
E	O	E	R	S		G						N							
N	N		N	G	A	B	A						A						
N	Z			T	O	N	R							U					
E	O			L	O		O	U	D						N				
R	L		Z			N	C	N	N	I						I			
O	O	A					I	H	E	I							A		
	N							C	I		C	P							
O									O	E		O	I						
											S			N					
												E			E				

B #2

<table>
<tr><td></td><td></td><td></td><td></td><td></td><td></td><td></td><td></td><td></td><td></td><td></td><td></td><td></td><td></td><td></td><td></td><td></td><td></td><td></td><td></td></tr>
<tr><td></td><td></td><td></td><td></td><td></td><td></td><td></td><td></td><td></td><td></td><td></td><td></td><td></td><td></td><td></td><td></td><td></td><td></td><td></td><td></td></tr>
<tr><td></td><td></td><td></td><td></td><td></td><td></td><td></td><td></td><td></td><td></td><td></td><td></td><td></td><td></td><td></td><td></td><td></td><td></td><td></td><td></td></tr>
<tr><td></td><td></td><td></td><td></td><td></td><td></td><td></td><td></td><td></td><td></td><td></td><td></td><td></td><td></td><td></td><td></td><td></td><td></td><td></td><td></td></tr>
<tr><td></td><td></td><td></td><td></td><td></td><td></td><td></td><td></td><td></td><td></td><td></td><td></td><td></td><td></td><td></td><td></td><td></td><td></td><td></td><td></td></tr>
<tr><td></td><td></td><td></td><td></td><td></td><td></td><td></td><td></td><td></td><td></td><td></td><td></td><td></td><td></td><td></td><td></td><td></td><td></td><td></td><td></td></tr>
<tr><td></td><td></td><td></td><td></td><td></td><td></td><td></td><td></td><td></td><td></td><td></td><td></td><td></td><td></td><td></td><td></td><td></td><td></td><td></td><td></td></tr>
<tr><td></td><td></td><td></td><td></td><td></td><td></td><td></td><td></td><td></td><td></td><td>B</td><td>E</td><td>D</td><td>O</td><td>L</td><td>L</td><td>O</td><td></td><td></td><td></td></tr>
<tr><td></td><td></td><td></td><td></td><td></td><td></td><td></td><td></td><td></td><td>O</td><td>R</td><td>A</td><td></td><td></td><td></td><td></td><td></td><td></td><td></td><td></td></tr>
<tr><td></td><td></td><td></td><td></td><td></td><td></td><td></td><td></td><td>R</td><td></td><td>A</td><td></td><td>R</td><td></td><td></td><td></td><td></td><td></td><td></td><td></td></tr>
<tr><td></td><td></td><td></td><td></td><td></td><td></td><td></td><td>G</td><td></td><td></td><td>I</td><td></td><td></td><td>B</td><td>O</td><td>N</td><td>D</td><td>O</td><td>N</td><td>E</td></tr>
<tr><td></td><td></td><td></td><td></td><td></td><td></td><td>O</td><td></td><td></td><td></td><td>E</td><td></td><td>O</td><td>A</td><td>I</td><td></td><td></td><td></td><td></td><td></td></tr>
<tr><td></td><td></td><td></td><td></td><td></td><td></td><td></td><td></td><td></td><td></td><td>S</td><td>C</td><td></td><td>D</td><td></td><td>A</td><td></td><td></td><td></td><td></td></tr>
<tr><td></td><td></td><td></td><td></td><td>L</td><td></td><td></td><td></td><td></td><td></td><td>E</td><td></td><td></td><td>I</td><td></td><td></td><td>N</td><td></td><td></td><td></td></tr>
<tr><td></td><td></td><td></td><td>A</td><td></td><td></td><td></td><td></td><td></td><td>N</td><td></td><td></td><td></td><td>A</td><td></td><td></td><td></td><td>O</td><td></td><td></td></tr>
<tr><td></td><td></td><td>R</td><td></td><td></td><td></td><td></td><td></td><td>A</td><td></td><td></td><td></td><td></td><td></td><td></td><td></td><td></td><td></td><td></td><td></td></tr>
<tr><td></td><td>E</td><td></td><td>B</td><td>L</td><td>E</td><td>G</td><td>G</td><td>I</td><td>O</td><td></td><td>S</td><td>U</td><td>P</td><td>E</td><td>R</td><td>I</td><td>O</td><td>R</td><td>E</td></tr>
<tr><td>S</td><td></td><td></td><td></td><td></td><td>B</td><td>O</td><td>R</td><td>G</td><td>O</td><td></td><td>V</td><td>A</td><td>L</td><td>S</td><td>U</td><td>G</td><td>A</td><td>N</td><td>A</td></tr>
<tr><td></td><td></td><td></td><td></td><td></td><td></td><td></td><td></td><td></td><td></td><td></td><td></td><td></td><td></td><td></td><td></td><td></td><td></td><td></td><td></td></tr>
<tr><td></td><td></td><td></td><td></td><td></td><td></td><td></td><td></td><td></td><td></td><td></td><td></td><td></td><td></td><td></td><td></td><td></td><td></td><td></td><td></td></tr>
</table>

C #1

												C	O	R	T	I	N	A	
											O	E			C				
										M		M			O				
									M			B		C	R		C		
								E				R	C	O	N	T	A		
	C						Z					A	A	R	E		M		
		A				Z					S		S	V	D		P		
			L		A					T		L	T	A	O		O		
				D					E			I	E	R					
			U		O			L				S	L	A	A		D		
		R				N						I	L		L		I		
	A					C	A					G	O	I	L				
					O	A	A	Z				N		N			T		
				N		V		N	Z			A	T		I		R		
			D			E			A	O		G	E	B	S		E		
		I				D				Z		O	S	A	A		N		
	N					I					E		I	D	R		S		
O						N						I	N	I	C				
						E							O	A	O				

C #2

					C														
						H													
						C	I	M	O	N	E								
			C		E	A	A	U											
			O	R		V		S	S										
			M			A			T	A						C	C		
		E	A			L				E					O	A	A		
	S		N			E					L			R	M	L	M		
			O			S						R	T	P		D	P		
						E						A	O			A	O		
			T								C			T		R	D		
			E							C	T				T	O	E		
			R						I	U						O	N		
			M					A	R								N		
			E		C	H	I	E	N	E	S						O		
					C	A	S	T	E	L		I	V	A	N	O			

C #3

				C	A	V	I	Z	Z	A	N	A					C		
				A													A		C
				L		C	C	U	R	O	N		V	E	N	O	S	T	A
				C		A	I	I									T		S
				E	P		N	V	S								E		T
				R			T		E								L		E
			I	A	C	L	E	S		Z							B		L
		A		N	A						Z						E		N
	N			I	L		T					A					L		U
A				C	D		E						N				L		O
				A	E		S							O			O		V
					S		I										-		O
				A			N										C		
				L			O									A	I		
															R		A		
				L										Z			R		
				A									A				D		
				G								N					E		
				O							O						S		

C #4

																C			
															A	A			
														I		N			
													N			A			
												E				L			
											S				C			C	
C	A	M	P	I	T	E	L	L	O		D	I		F	A	S	S	A	
R	A														V	A		V	
O		L													E	N		A	
V			L												D			R	
I				I											A	B		E	
A				C	A	R	I	S	O	L	O				G	O		N	
N						N									O	V		O	
A	C	A	D	E	R	Z	O	N	E		T	E	R	M	E	O			

D #1

D	I	M	A	R	O		F	O	L	G	A	R	I	D	A				
			D	E	N	N	O												
			D	R	O														
			O	A	E														
			B		M	N													
			B			B	A												
			I				E												
			A					L											
			C																
			O																

E #1

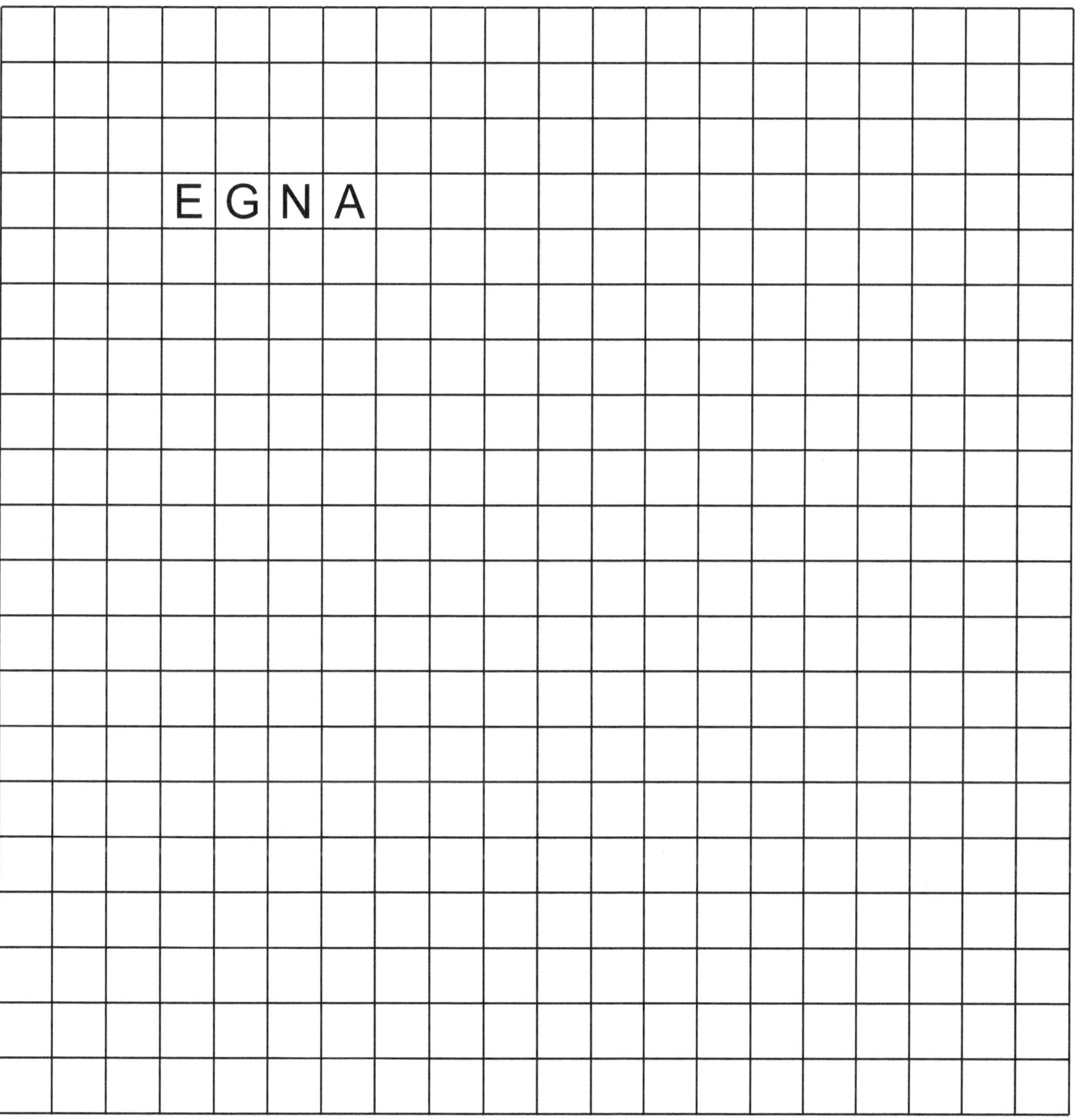

F #1

											F	U	N	E	S			
											R							
F	A	I		D	E	L	L	A		P	A	G	A	N	E	L	L	A
O			F	I	A	V	E		F		S					F		
R		F	I	E		A	L	L	O		S	C	I	L	I	A	R	
T		O	E						L		I					L		
E		R	R						G		L					Z		
Z		N	O						A		O					E		
Z		A	Z						R		N					S		
A		C	Z						I		G							
		E	O						A		O							

G #1

				G															
					A														
						R													
							N												
								I									G		
									G							A			
										A					R				
														G	I	O	V	O	
												T	A	L					
												Z	E	O					
											Z			R					
										O				E	M				
									N	G	R	I	G	N	O	E			
								E	A					Z					
								I						A					
				G	I	U	S	T	I	N	O								

I #1

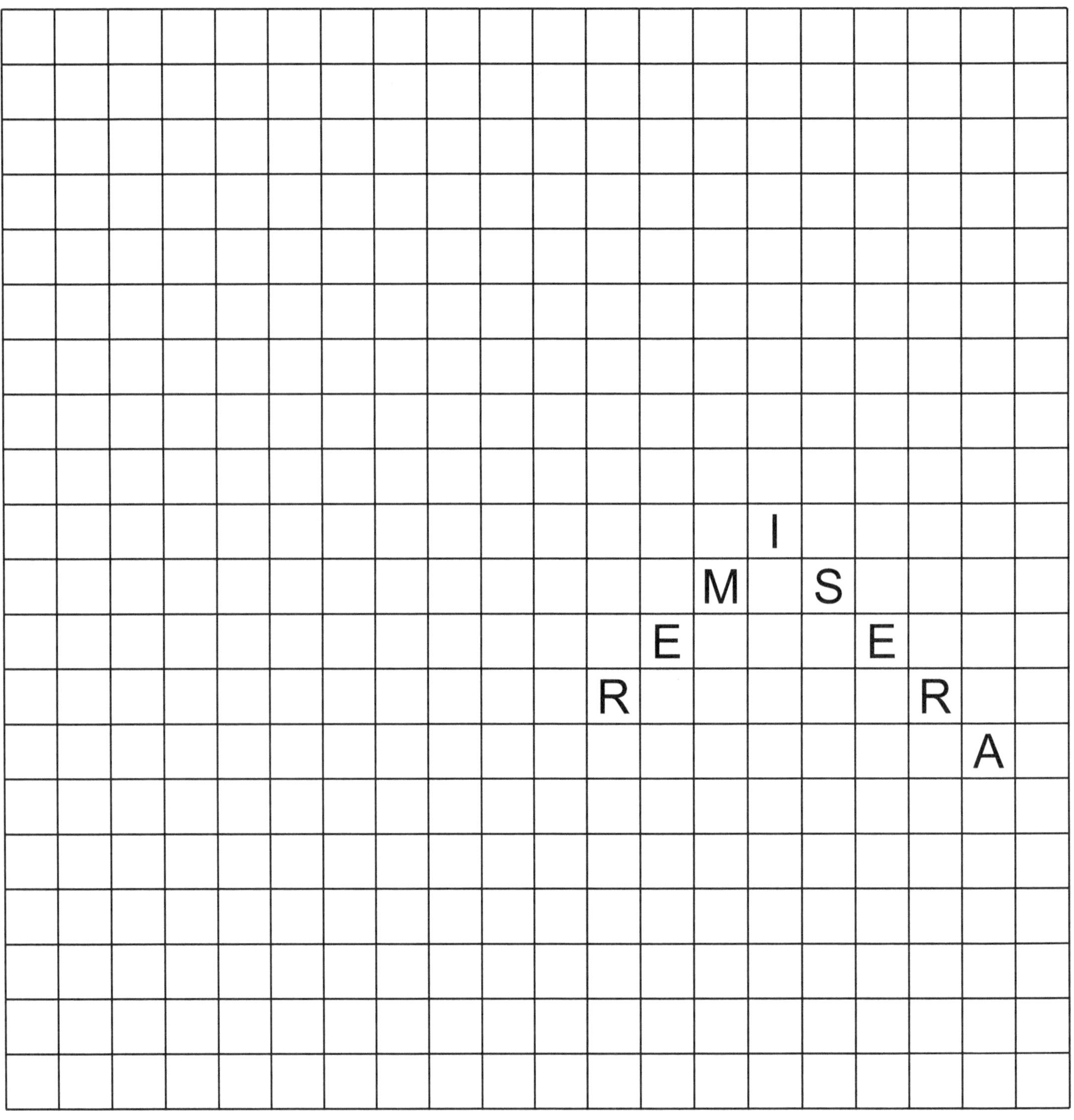

L #1

			L																
				E															
		L	L	I	V	O													
		O	A	A		I													
		N		I	U		C												
		A	V		O	R		O											
		-	A			N	E												
		L	L	A	C	E	S	G		T									
		A	L	A					N		E								
		S	E	A	I					O		R							
		E			V	V		L	U	S	O	N	M						
		S				A	E		A					E					
						D	R	S		V									
					R			O			I								
				O					N			S							
										E									

L #2

				L	A	S	A												
			A	A	U														
		N		G		S													
	A			U			E												
				N				R											
				D					N										
				O						A									

M #1

						M	A	G	R	E									
						O	A												
						S		R											
						O			E										
										B									
						I					B								
						N						E							
M	A	L	L	E	S		V	E	N	O	S	T	A						
O						P	M	E	Z	Z	O	L	O	M	B	A	R	D	O
N						A	O	A					A	A	E				
T					R	S	E		L			D		R		R			
A				T		S	N			E	R			L			A		
G			E			I	A			U				E				N	
N		L				R			Z					N					O
A	L					I		Z						G					
O						A	O							O					

M #2

												M	E	Z	Z	A	N	O	
											E	O	E						
										Z		N		Z					
									Z			G			Z				
								O				U				A			
							C					E					N		
						O						L						A	
					R							F							
				O								O							
			N									-							
		A										T	M	A	Z	Z	I	N	
												E	O	O					
											L	S	R		L				
										T		I	I			V			
									I			D					E		
								N				O						N	
						M	A	S	S	I	M	E	N	O					O

N #1

																	N	N	N
																	O	O	A
																N	V	V	G
															A	A	A	A	O
														L		Z	L		-
													L	P		-	E	L	T
												E	O			S	D	E	O
											S	N		N		C	O	V	R
											E		N	O	M	I		A	B
										N		A	O	G		A		N	O
									T		T		V	A		V		T	L
								E		U			E	R		E		E	E
									R				L	E		S			
								N					L	D					
							O						A	O					

O #1

					O	R	A			
	O	R	T	I	S	E	I			
					S					
O	S	P	E	D	A	L	E	T	T	O
					N					
					A					

P #1

P		P	I	N	Z	O	L	O											
A		R	R																
L		A	P	E	L	L	I	Z	Z	A	N	O							
U		T			D							P	R	E	D	A	I	A	
		O				A					O	A	O						
D							Z			N		N		M					
E		A					P	Z	T			C			A				
L		L						E	O			H				R			
		L							I			I					O		
F		O				G				O		A						L	
E					A														O
R		S	P	R	E	D	O	I											
S		T	D																
I	P	E	R	G	I	N	E		V	A	L	S	U	G	A	N	A		
N	N	L																	
A		V																	
		I																	
		O																	

P #2

				P	R	O	V	E	S										
P	R	I	M	I	E	R	O		S	A	N		M	A	R	T	I	N	O
A				E															
R				V															
C				E															
I																			
N				D															
E				I															
S													P	O	S	T	A	L	
				B									I						
			P	O	R	T	E		D	I		R	E	N	D	E	N	A	
			L	N									V						
			A	O									E						
			U	-															
			S	P	E	L	U	G	O				T						
				R	E								E						
				E		R							S						
				Z			C						I						
				Z				A					N						
				O									O						

R #1

																			R
																			O
																			N
	R	U	M	O															C
	I	U																	H
	V		F																I
	A			F															
					R	I	F	I	A	N	O								V
	D		R	O	V	E	R	E		D	E	L	L	A		L	U	N	A
	E						-												L
	L							M											S
									E										U
	G									N									G
R	A	C	I	N	E	S					D								A
O	R	O	D	E	N	G	O				R	O	V	E	R	E	T	O	N
M	D	A											L						A
E	A		B											A					
N				B															
O				R	I	O		D	I		P	U	S	T	E	R	I	A	

R #2

															R				
											R	R	E	N	O	N			
											O	A			N				
										N	N	S			C				
									Z		Z	U			E				
								O			O	N			G				
							N				-	-			N				
						E					C	A			O				
											H	N							
											I	T			T				
											E	E			E				
											N	R			R				
											I	S			M				
											S	E			E				
												L							
												V							
												A							

S #1

										S	S	A	R	E	N	T	I	N	O
										T	A	C							
									R		N	G	E						
S	S	C	U	R	E	L	L	E			Z		R	N					
	A	F					M				E			O	A				
	N	N	R	S		B					N				N				
			T	U	O						O								
	C				Z	R											M		
	A				O		A											I	
	N					R		G											S
	D						S		A									P	E
	I							O									I		S
	D								L		D					A			T
	O									A		I			Z				O
														Z					
												T	O	F					
													E		A				
														R		S			
															M		S		
																E		A	

S #2

																		S	
																		E	
																		N	
							S	T	E	L	V	I	O					A	
						L	I	E										L	
					U	S	L		G									E	
		S		D	T	O	A			O								-	
			E	E		V	N	N			N							S	
		R	N	N		E	D				S	Z						A	
	N	I			A	R	R			P		A	A					N	
O	C					L	O		O		A		R	N					
O							E	R				N		N	O			F	
							M	S					C		O			E	
						I								R		N		L	
					N										A		I	I	
				O												Z		C	
			R														I	E	O
	S	E	L	L	A		G	I	U	D	I	C	A	R	I	E		O	

S #3

										S									
S	E	L	V	A		D	I		V	A	L		G	A	R	D	E	N	A
P										N									
O																			
R										M									
M										A									
A										R									
G										T									
G										I									
I										N									S
O										O									A
R																			L
E	S	A	N		G	E	N	E	S	I	O		A	T	E	S	I	N	O
	A	T								N									R
	M		O																N
	O			R						B									O
	N				O					A									
	E			S	E	L	V	A		D	E	I		M	O	L	I	N	I
										I									
										A									

S #4

	S																		
		A																	
			N																
					L														
						O													
							R												
								E											
									N										
										Z									
											O								
													D						
														O					
															R				
																S			
																	I		
																		N	
																			O

T #1

								T											
								E									T		
								R									E		
								R	T	E	R	R	A	G	N	O	L	O	
								E	I	E							V		
							R		O		S						E		
						M		D	N		T	E	S	I	M	O			
					E				E		E		R				D		
				N				A			N			O			I		
			O					D	D		N								
								I	I		A						S		
								G									O		
								E	T	I	R	O	L	O			P		
								E	R	O							R		
							R		E		N						A		
						L			N										
					A				T	E	R	Z	O	L	A	S			
				N					O										
			O																

T #2

															T	E	L	V	E
														R	E	U			
													O		R		B		
												D			E			R	
											E				N				E
										N					T	I	R	E	S
									A					R	O	E			
													E				N		
												N						N	
											T								O
										O	R	O	T						
											A		R						
											M		E	C					
											B				E				
											I		V			G			
											L		I				N		
											E		L					O	
											N		L						
											O		E						

U #1

													U	L	T	I	M	O

V #1

							V												
							A												
	V	E	L	T	U	R	N	O											
	I						D												
	L						O												
V	L						I												
A	E						E												
L							S												
	D																		
D	I		V	A	L	F	L	O	R	I	A	N	A						
I			V	A	L	L	E		D	I		C	A	S	I	E	S		
	F		V	I	L	L	A		L	A	G	A	R	I	N	A			
V	I	L	L	E		D		A	N	A	U	N	I	A					
I	E					V	A	L	L	E	L	A	G	H	I				
Z	M		V	A	L	D	A	O	N	E									
Z	M								R										
E	E					V	I	L	L	A	N	D	R	O					

V #2

																			V
																		I	A
																	G		L
																N			L
				V	I	P	I	T	E	N	O				O				E
	V	I	L	L	A	B	A	S	S	A				L					
	A	E				L							A						A
	R		R				L					-							U
	N			M				A			F	V							R
	A				I		V	E	R	A	N	O							I
						G		A	L	S		L							N
							L	E	D		A	A							A
							S	I		E		N							
						I			O		N	O							
					N							A							
				A															

Z #1

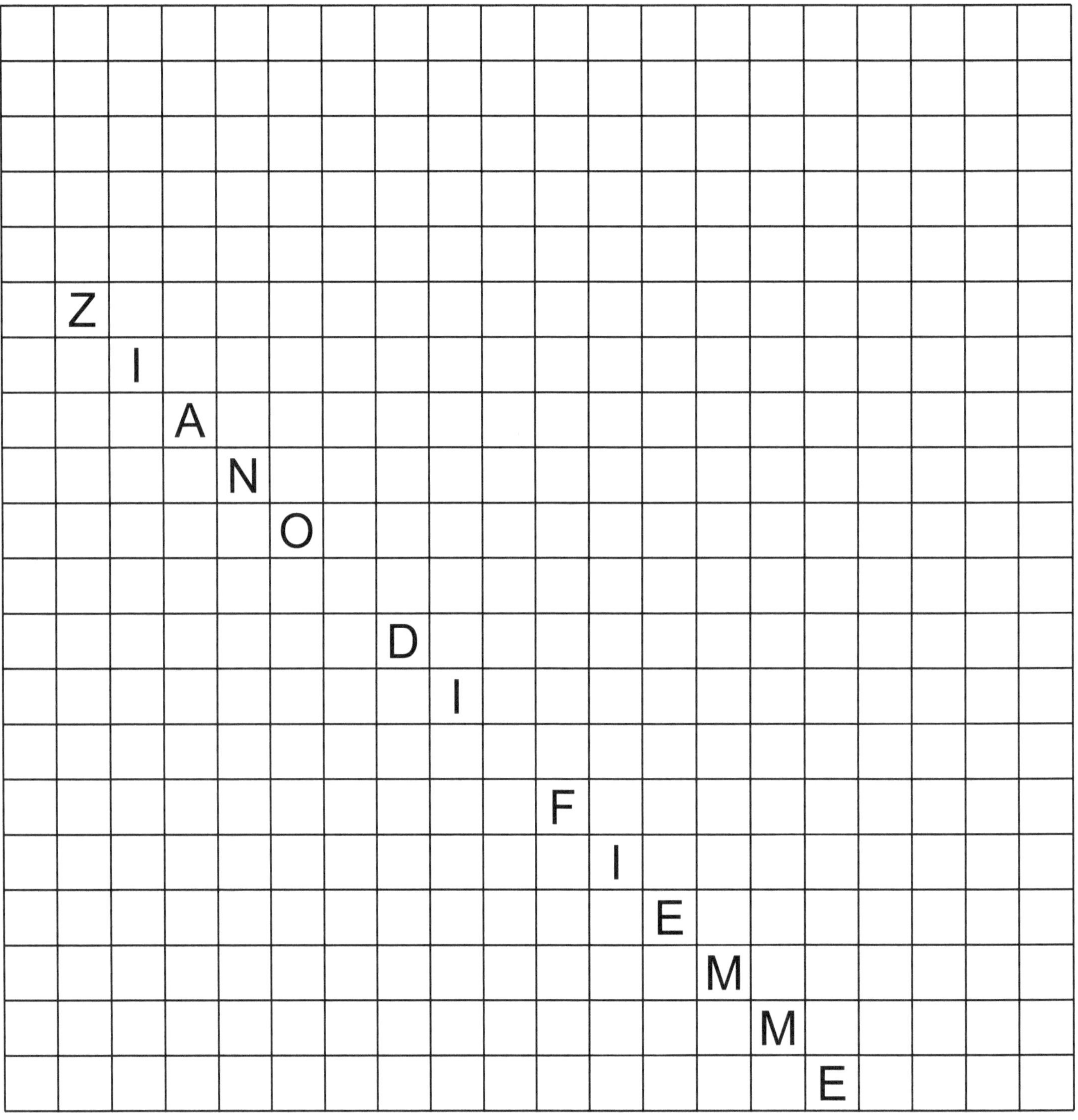

www.ingramcontent.com/pod-product-compliance
Lightning Source LLC
Chambersburg PA
CBHW080849160726
47999CB00009B/3051

* 9 7 9 8 6 9 1 1 4 1 8 0 5 *